FANTAISIES BIOGRAPHIQUES

QUADRUMANE

L'ÉCONOMISTE

PAR

TERMITE

> « Nous ne savons rien apprécier avec le regard d'une raison indépendante et moqueuse. . . . .
> . . Douce Ironie ! toi seule es pure, chaste et discrète.
> « P. J. Proudhon. »

Prix : 60 Centimes.

PARIS

E. DENTU, LIBRAIRE-ÉDITEUR

PALAIS ROYAL, 17 ET 19, GALERIE D'ORLÉANS

Tous droits réservés

1865

FANTAISIES BIOGRAPHIQUES

QUADRUMANE

L'ÉCONOMISTE

PARIS. — TYPOGRAPHIE BONNET

LESUEUR, BAILLEHACHE ET COMPAGNIE, RUE VAVIN, 42.

FANTAISIES BIOGRAPHIQUES

QUADRUMANE

L'ÉCONOMISTE

PAR

TERMITE

> « Nous ne savons rien apprécier avec le regard d'une raison indépendante et moqueuse. . . . .
> « . . Douce Ironie ! toi seule es pure, chaste et discrète.
>
> « P. J. Proudhon. »

PARIS

E. DENTU, LIBRAIRE-ÉDITEUR

PALAIS ROYAL, 17 ET 19, GALERIE D'ORLÉANS

Tous droits réservés

1865

FANTAISIES BIOGRAPHIQUES

QUADRUMANE

L'ÉCONOMISTE

I

A Orbaiceta, village de la Navarre, situé dans le Nord de l'Espagne, vivait, vers 1815, un hidalgo dans une profonde retraite. Malgré les anathèmes dont l'Inquisition avait frappé l'économie politique, ce gentilhomme, qui avait été contemporain de Cárlos III, à l'exemple de Jovellanos, du comte d'Aranda, de Campomanès et de Florida-Blanca, passait sa vie dans l'étude de cette science. Il avait réuni, à grands frais, les principaux ouvrages de ceux qui se sont fait un nom dans l'économie politique, et sa bibliothèque le rendait quelque peu suspect à ses voisins, qui ne passaient devant son château qu'en se signant pieusement et en marmottant des patenôtres. A vrai dire, le señor *Andreada y Alvarez y Sotomayor* sentait quelque peu le fagot. Et il le méritait bien. C'était un esprit fort, dégagé des préjugés de toutes sortes, et qui ne croyait ni à Dieu ni à diable. Il avait, pour la France, une sympathie profonde. Il ne se lassait pas de relire Voltaire et tous les philosophes du dix-huitième siècle, mettant les ouvrages de cette époque dans un coin réservé de sa bibliothèque. C'était un véritable *afrancesado*, et qui avait été gagné aux idées de la France par la philosophie de ses plus illustres représentants.

Bien qu'il fut riche, il vivait avec une sobriété excessive. Mais, parvenu à l'âge de soixante-cinq ans, il se lassa de sa vie retirée, et prit pour femme une jeune fille d'une grande beauté. Au bout de quelques années d'une union mal assortie, notre pauvre hidalgo perdait de plus en plus l'espérance d'avoir un héritier. Sa femme était vertueuse, et notre esprit fort ne croyait pas qu'un miracle put le rendre père. Une noire mélancolie s'empara de son esprit. La señora ayant deviné le motif de son chagrin, comprit qu'un accident imprévu pouvait lui enlever son mari, et que n'ayant pas d'enfant, la majeure partie de la fortune présente reviendrait aux héritiers du sang. Son parti fut pris. Il lui fallait un fils ; elle l'aurait. A prix d'or elle s'assura le concours d'une sage-femme pour qu'elle lui procurât un enfant. Puis elle simula une grossesse dont elle surveillait, avec soin, la progression, et fit part à son mari de ses espérances La gaieté revint au cœur de l'hidalgo. Tous ses rêves d'avenir allaient se réaliser. Il aurait un héritier,—car ce serait un garçon, — et le nom de *Andreada y Alvarez y Sotomayor* ne périrait pas tout entier !

II

Un matin, — c'était le 17 décembre 1819, — notre hidalgo avait.été appelé à Pampelune où il devait rester deux ou trois jours, la señora envoya chercher la sage-femme, et lui dit que son accouchement devait avoir lieu le soir même.

Joyeuse, la jeune femme fit ses préparatifs de toilette, rendit pâle et défait son beau visage, et se coucha dans le lit, — près du berceau, encore vide. La sage-femme se rendit auprès d'une bohémienne qui venait d'accoucher réellement : l'enfant était mort en naissant; il n'y avait, près du grabat, qu'un jeune singe qui gambadait et folâtrait. Un éclair d'inspiration sillonna l'esprit de la sage-femme : elle prit le gentil macaque entre ses bras, glissa une once d'or dans la main de la bohémienne, et revint près de la señora avec son précieux fardeau. Après l'avoir enveloppé de langes et lui avoir emprisonné la tête dans un bonnet, orné de rubans, à la dernière mode de Madrid, la sage-femme montra à l'accouchée le jeune singe :

« L'enfant est mort, lui dit-elle, et Dieu a permis que cette petite créature puisse le remplacer. »

« — Il ressemble à bien des enfants, dit la señora. » Et elle pensa que c'était tout le portrait de son mari. Puis le jeune enfant fut couché dans le berceau préparé pour le recevoir.

A son retour de la ville, le père fut surpris bien agréablement, en apprenant que tout était consommé, et que la mère et l'enfant se portaient bien.

Heureux, trois fois heureux père ! Il avait un fils. Il touchait du front les étoiles !... A ce fils bien-aimé, il apprendrait l'économie politique : il pourrait lui lire ses ouvrages inédits, ses manuscrits où il avait déposé tous les trésors d'une science à laquelle il avait consacrée plus de cinquante années d'études.

L'enfant reçut au baptême le prénom français de *Quadrumane*. C'était, de la part du père, un témoignage de son amour pour le grand peuple qu'il avait tant aimé.

En grandissant, le jeune singe ressemblait de plus en plus à un jeune enfant. Sa mère, qui ne le quittait pas plus que son ombre, lui confectionnait de petits pantalons et l'habillait elle-même, afin que le fatal secret ne fut pas découvert. Lorsque l'enfant fut parvenu à l'âge de 7 ou 8 ans, son père lui apprit à lire. Quadrumane montra pour l'étude un goût prononcé. Voyant son père la tête plongée, toute la journée, dans des livres d'économie politique, le jeune singe, par esprit d'imitation, ouvrait au hasard un volume d'Adam Smith, de Dupont de Nemours, de Malthus ou de Ricardo. Avant de mourir, le gentilhomme fit venir le jeune enfant et lui dit :

« Prends cette clef. Elle t'ouvrira une cassette qui renferme ce que j'ai de plus précieux, mes manuscrits. Tu trouveras plus de cinq cents articles sur le *crédit*, sur *la circulation*, sur *les banques*, sur *les monnaies*. Ces manuscrits sont des trésors. Avec de pareilles œuvres, tu pourras conquérir un nom impérissable. J'ai voulu te réserver la gloire de cette publication. »

Il dit, et dès qu'il eût remis à l'enfant la clef de la précieuse cassette, il expira.

III

Bien des années s'écoulèrent. Quadrumane était resté d'une petitesse excessive. Parvenu à l'âge d'homme, le jeune singe ne paraissait guère qu'un enfant. C'était un de ses motifs de désespoir. Avoir un pied de plus : il aurait payé d'un verre de son sang cet accroissement de sa taille. La mère de Quadrumane avait concentré sur ce fils toutes ses tendresses. Elle s'était attachée à ce petit être, — qui lui était étranger par le sang, — par tous les soins qu'elle lui avait donnés. En mère jalouse de voir son fils le plus beau possible, elle se préoccupait de sa toilette, lui faisait venir de Madrid des *sombreros* de la dernière mode, et l'habillait comme un hidalgo.

Un jour Quadrumane se promenait sur la *Plaza de la Constitucion*, tenant à la main un volume de Charles Fourier, lorsqu'un caballero, qui observait cet être chétif et semblable à un enfant, s'approcha de lui.

Ce personnage, aux formes trapues, à la tournure athlétique, portait un sombrero aux larges bords. Il avait une physionomie ouverte : des regards vifs et pénétrants. Il portait des lunettes. Sa main s'appuyait sur une canne d'une simplicité rustique. Sa prononciation n'était pas du plus pur idiôme castillan. Né dans les *sierras* de la Catalogne, il avait conservé l'accent traînard de sa province. Depuis quelques années, teneur de livres et journaliste à Madrid, l'illustre *Batallador* (dont l'Espagne intelligente pleure la perte récente) avait été interné à Orbaiceta pour avoir écrit un Mémoire dans lequel il sapait les bases de la monarchie espagnole. C'était un rude athlète de la logique, un terrible savoyard de la dialectique, donnant des coups de cornes comme un taureau furieux et éventrant ses amis tout aussi bien que ses adversaires, comme un sanglier poursuivi par les chasseurs. Contraste singulier! ce terrible démolisseur était dans la vie privée le modèle de toutes les vertus : doux, généreux, dévoué à sa femme, à ses enfants, à ses amis, qui l'aimaient jusqu'à l'adoration.

Señor Caballero, lui dit Quadrumane en s'inclinant, permettez à l'un de vos humbles disciples de vous présenter ses respects.

Batallador, surpris et à la fois heureux que son nom eût déjà pénétré dans ce village, demanda à Quadrumane qui il était et ce qu'il faisait. Cet homme fort se prit d'affection pour cet être frêle et malingre. Quadrumane à l'école de ce dernier se perfectionna dans l'économie politique, et, comme son maître, il se mit désormais à porter des lunettes.

Quand la Révolution de 1854 arriva, à la suite du *pronunciamiento* de Vicalvaro, *Batallador* revint à Madrid, escorté de Quadrumane, et fit paraître sur les barricades triomphantes le journal républicain : *el Progreso* qui eût bientôt 80,000 abonnés.

En disciple fidèle, Quadrumane professait les théories les plus hardies du maître. Aussi, *Batallador* ayant été nommé député aux Cortès, confia à son secrétaire la rédaction en chef de *el Progreso* et une partie de l'auréole de la popularité qui entourait le front majestueux de *Batallador* vint ceindre les tempes amaigries du singe journaliste.

Deux ans plus tard (1856), le coup d'État d'O'Donnell dispersa les Cortès et mit Madrid en état de siége. Les démocrates durent chercher un refuge en France, patrie inviolable et inviolée de la liberté. *Batallador* fut interné dans une ville du Nord.

En singe ingrat, Quadrumane ne suivit pas son maître dans l'exil.

Il y avait à cette époque à Madrid, un journaliste du nom célèbre de *Narciso Saltarin y Trampista*. Homme d'une dextérité merveilleuse, sans nom, sans fortune, avec de l'audace et encore de l'audace il avait conquis, à la pointe de sa plume, un nom, une fortune, des honneurs..........

Fondateur du journal la *Fortuna*, il avait vu dans le journalisme un moyen de gagner de l'argent. Il faisait, avant tout, de l'*industrialisme*. C'était lui qui avait forgé ce vilain mot qui n'existait pas dans la langue espagnole. Il trouvait le moyen de servir et de desservir, à la fois, le gouvernement et la liberté, la réaction et le progrès, l'Église et la libre-pensée. On redoutait son silence tout aussi bien que ses dithyrambes.

Grâce à la publicité dont il était le maître, Saltarin y Trampista se jeta tête baissée dans les affaires. Canaux, mines, chemins de fer, restaurants, concessions de théâtres et de courses de taureaux, titres de noblesse et de grandesse, le rédacteur en chef de la *Fortuna* trafiqua de tout et toujours avec bonheur.

. . . .
. . . .
. . . .
. . . .
. . . .
. . . . (1)

Esprit toujours en éveil, pensée toujours ten-

---

(1) L'imprimeur a exigé la suppression d'un alinéa tout entier qui a été remplacé par des points. (*Note de l'auteur.*)

due comme un arc prêt à lancer des flèches ; ambition insatiable, il se délassait du travail par l'intrigue et de l'intrigue en improvisant dix colonnes de journal.

Quadrumane devint l'un des rédacteurs de la *Fortuna*. Mais, au lieu d'articles politiques, il ne donna plus que des articles d'économie politique. Il prenait au hasard dans la cassette, que son père lui avait laissée en mourant, des articles qui furent publiés dans le journal de Saltarin y Trampista sous le nom de Quadrumane. Les lecteurs se souvinrent de ce nom qui leur rappelait celui qui avait paru tant de fois dans *el Progreso* pendant la révolution de 1854.

Les élections de 1858 arrivèrent et le nom de Quadrumane, mis on ne sait comment, sur la liste des candidats démocratiques aux Cortès, fut accueilli, par les uns, comme le spectre du communisme, et par les autres, comme une revanche du parti révolutionnaire si violemment comprimé par O'Donnell. Le nom de Quadrumane triompha dans le scrutin comme eût pu le faire celui de *Batallador*.

Nommé par l'opposition démocratique aux Cortès, le député de Madrid vota d'abord avec ses collègues de l'opposition. Mais Quadrumane se lassa bientôt d'un rôle qui ne lui promettait ni les honneurs ni les distinctions, et peu à peu on le vit déserter le scrutin, comme par hasard. Les *puros* commencèrent à trouver que Quadrumane trahissait la cause démocratique; on cria sus aux *puros*, qu'on appelait *pointus* et trouble-fête, et l'on déclara que tous ces soupçons étaient chimériques.

Pas si chimériques toutefois!... Un beau jour, lors d'une discussion restée célèbre, Quadrumane abandonna ses collègues de l'opposition et déposa dans l'urne une boule blanche en faveur du projet de loi présenté par le gouvernement.

L'opposition poussa des cris de paon. Le peuple fit entendre ses malédictions ; on adressa à Quadrumane des pétitions très-hautaines pour lui enjoindre de donner sa démission. Notre singe était trop malin pour prêter l'oreille à ces ouvertures.

Dès lors Quadrumane est proclamé, par la presse officieuse, le plus grand économiste de la Péninsule Ibérique. Invité à toutes les fêtes officielles, il a soin de se faire faire un bel habit brodé, emprisonne ses jambes grêles dans des culottes courtes, met des bas de soie, et commande à la fabrique si renommée de Tolède la lame d'une épée d'une exiguité lilliputienne. C'est avec ce costume que Quadrumane se rendait dans les bals des ministres et assistait aux fêtes de l'*Ayuntamiento*

IV

Pendant l'intervalle des sessions des Cortès, Quadrumane vint en touriste à Paris qu'il ne connaissait pas encore. Le soir il se plaisait à assister aux représentations des principaux théâtres et surtout aux exercices du Cirque. A cette époque les succès de Léotard et de son trapèze excitaient vivement la curiosité publique. En qualité de singe, Quadrumane prenait à ce spectacle un plaisir extrême. Les lauriers de Léotard l'empêchèrent de dormir. Il lut le lendemain dans le *Moniteur de la Pornographie* que toutes les lorettes de Paris se disputaient le fameux gymnasiarque. Dans un accès de jalousie, il s'écrie comme Corrége :

« *Ed io ancho sono pittore.* »

Son parti fut pris aussitôt. Il alla déjeûner le lendemain dans un café situé au rond-point des Champs-Élysées, où les écuyers du Cirque ont coutume de se réunir. Il adressa la parole à l'un d'eux et fit un grand éloge de Léotard. Chevallier, — c'était le nom du sporstman au mois, — lui demanda en souriant, s'il ne voulait pas essayer de faire des exercices en public. Sur la réponse affirmative de Quadrumane, Chevallier se chargea de lui donner des leçons.

Au bout de huit jours d'études, l'élève était de première force. Pour ne pas porter ombrage à Léotard, le débutant devait faire ses exercices à cheval. Quelques jours après l'affiche du Cirque portait en gros caractères l'annonce suivante :

Débuts de l'ÉCUYER QUADRUMANE

Dressé et présenté par *Chevallier*.

C'était un samedi. Cocodès et lorettes, gandins et biches s'étaient donnés rendez-vous dans la salle du carré Marigny. Grande fut la surprise des habitués, en voyant un jeune singe, vêtu en costume d'écuyer se présenter, cravache en main, avec force cabriolades, et saluant le public avec l'aisance d'un sporstman accompli.

Sur son cheval lancé au triple galop, Quadrumane faisait la voltige, en avant, en arrière, franchissait les cerceaux, les barrières, avec une prestesse merveilleuse. Il avait une façon toute naturelle de stimuler son cheval et de la voix et de la cravache. Enamourées, les lorettes lançaient de terribles œillades à Quadrumane, à la barbe de leur Arthur. Dans ses transports, une vieille douairière perdit son ratelier, qu'elle se garda bien de réclamer à l'administration.

Quand les exercices de Quadrumane furent

terminés, le public enthousiasmé le rappela à grands cris. L'astre de Léotard subit une éclipse. Pendant plusieurs jours il ne fut plus question que de l'*écuyer Quadrumane*, et tout le quartier Bréda vint se faire inscrire chez lui. Il devint l'homme à bonne fortune le plus heureux de toute la capitale du monde civilisé.

Un beau jour, Quadrumane disparut et *depuis onc n'en entendit parler*, pas même son maître en voltige et son camarade Chevallier.

Que s'était-il passé ? Quadrumane avait lu par hasard, dans la *Gaceta oficial* de Madrid, que la session des Cortès venait d'être ouverte et il s'était arraché à ses succès du demi-monde pour reprendre son poste de député.

Nul à Madrid ne soupçonna que l'*écuyer Qua-*

drumane qui avait débuté avec tant de succès, à Paris, au Cirque des Champs-Elysées, était le même personnage que le señor *Andreada y Alvarez y Sotomayor* (Quadrumane), député de Madrid.

V

A cette époque, les Cortès avaient pour président un hidalgo de la plus haute volée. Don Cristobal de Lugo, duc de *San Pedro*, était avant tout un homme heureux. Tout lui réussissait à souhait. Dans sa jeunesse, il avait entraîné après lui tous les cœurs féminins. Il avait fait une Saint-Barthélemy de grandes dames et de coquettes du noble faubourg. Son nom était synonyme de Don Juan. Plus tard, devenu homme de sport, les chevaux de ses écuries princières avaient obtenu, sur le turf, les plus beaux succès dont puisse s'enorgueillir un *gentleman-rider*. Sur le retour, il avait voulu devenir un homme d'état, et grâce à un coup de baguette magique, il était parvenu aux plus hautes fonctions.

Sachant lire au fond des cœurs, don Cristobal de Lugo avait deviné la volte-face que méditait Quadrumane, déjà à demi désavoué par son parti. Nouveau Mahomet, il alla vers la montagne qui n'osait pas venir à lui.

Jugez de la surprise et de la colère des collègues de Quadrumane, quand ils virent le nom de ce dernier porté comme *secretario* des Cortès et nommé à ces fonctions par une majorité foudroyante. Ils crièrent à l'apostasie, à la trahison.

Vaines clameurs !

Désormais, notre petit homme, installé au bureau, glapissait de sa petite voix, le procès-verbal de la dernière séance. Il n'avait plus besoin que de se laisser glisser sur la pente où il s'était placé, afin d'arriver à une position élevée. Toutefois, les suffrages de la majorité ne donnent pas l'éloquence. Quadrumane, nommé successivement rapporteur de plusieurs lois, marchait d'*échec en échec,* tant était grande son incapacité oratoire. Et lorsqu'il était par trop embourbé, son ami *Palinodin* accourait à son secours, et, grâce à son éloquence visqueuse, remportait la victoire.

Mais plus Quadrumane se montrait sans talent et plus la reine, d'après les conseils du duc de *San Pedro,* se montrait bienveillante pour ce fruit sec dont elle hâtait la décomposition. Elle le nomma sénateur, puis *grand d'Espagne* de première classe. Enfin elle mit le comble à ses faveurs en le décorant des ordres de *San Juan de Calatrava* et de la *Toison d'or*. La reine voulait, par un exemple insigne, montrer les faveurs qui seraient accordées à ceux qui imiteraient la défection de Quadrumane.

Dépeindre les sentiments qui se pressèrent dans le cœur du nouvel anobli serait chose impossible. Il demanda et obtint la faveur inespérée d'assister à la cérémonie du baise-main qui avait lieu peu de jours après à l'occasion de la fête de la reine. Dans ce pays monarchique, qui est la terre classique du cérémonial et de l'étiquette, cette fête est célébrée en grande pompe, en présence de toute la cour.

Quadrumane avait revêtu un bel habit tout flambant neuf. Broderies au collet, aux parements, aux basques; de tous côtés l'or se relevait en bosse. On eût dit d'une châsse découverte le jour de la fête du saint. Des culottes courtes, des bas de soie, des souliers avec des boucles d'or; une épée de Tolède battait les flancs du nouveau sénateur. Il relevait la tête avec cet air de gravité, si ridicule chez les petits hommes, et il crevait d'orgueil dans sa peau de singe.

A l'appel de son nom, *Andreada y Alvarez y Sotomayor* s'avança d'un pas mesuré, et, prenant avec respect le bout des doigts que la reine lui tendait, il les baisa dévotement et s'inclina jusqu'à terre.

Tout à coup, ô surprise! les culottes courtes se déchirèrent, et l'on aperçut un appendice étrange se faire jour à travers les basques de l'habit brodé. Croyant voir Satan en personne, tous les assistants s'écartaient avec terreur.

Les vénérables duègnes se voilèrent la face; la *camarera-mayor* tomba dans les bras de l'*arzobispo* (1) de Tolède. Les dames de la cour et les *senoritas* lançaient, à travers leur éventail, des regards remplis de curiosité.

Les laquais s'avancèrent, et l'un deux, saisissant le singulier petit bonhomme par le bout de la queue, s'écria :

Jésus! ce n'est pas un homme, c'est un *singe* !

(1) Archevêque.

Un singe !!!... répétaient tous les assistants.

Houspillé de la belle sorte et chassé à coups de fouet, le singe laissa tomber ses lunettes, se débarassa de son épée de Tolède, et, s'élançant par une fenêtre, disparut en poussant des cris de honte et de douleur.

Malgré la gravité de la cérémonie, la reine ne put garder son sérieux et le *baise-main* se termina au milieu des éclats de rire homérique de la noble assistance.

PARIS. — TYPOGRAPHIE BONNET
LESUEUR, BAILLEHACHE ET COMPAGNIE, RUE VAVIN, 42.

www.ingramcontent.com/pod-product-compliance
Lightning Source LLC
Chambersburg PA
CBHW070659050426
42451CB00008B/424